*3 Décembre 1880*

**Vente des Vendredi 3 et Samedi 4 Décembre 1880,**

HOTEL DROUOT, SALLE N° 3.

# TABATIÈRES

ET

# BONBONNIÈRES

DES ÉPOQUES LOUIS XV ET LOUIS XVI

MINIATURES — ÉMAUX — BIJOUX

## EXPOSITION PUBLIQUE

### Le Jeudi 2 Décembre 1880

DE UNE HEURE A CINQ HEURES

COMMISSAIRE-PRISEUR
**M<sup>e</sup> CH. PILLET**
10, rue de la Grange-Batelière.

EXPERT
**M. CH. MANNHEIM**
7, rue Saint-Georges.

# CATALOGUE

DE

# TABATIÈRES ET BONBONNIÈRES

## DES ÉPOQUES LOUIS XV ET LOUIS XVI

Boîtes en or émaillé, en or ciselé, et autres;
Bijoux anciens, Montres, Étuis, Bagues, etc.

### MINIATURES — ÉMAUX

DONT LA VENTE AURA LIEU

## HOTEL DROUOT, SALLE N° 3

### Les Vendredi 3 et Samedi 4 décembre 1880

A DEUX HEURES.

------

Par le ministère de **M° CHARLES PILLET**, Commissaire-Priseur,
10, rue de la Grange-Batelière,

Assisté de **M. CHARLES MANNHEIM**, Expert,
7, rue Saint-Georges.

*Chez lesquels se trouve le présent Catalogue.*

------

EXPOSITION PUBLIQUE, le Jeudi 2 Décembre 1880,
De une heure à cinq heures.

# CONDITIONS DE LA VENTE

Elle sera faite au comptant.

Les adjudicataires payeront *cinq pour cent* en sus des enchères.

L'exposition mettant le public à même de se rendre compte de l'état des objets, il ne sera admis aucune réclamation une fois l'adjudication prononcée.

Paris. — Typ. PILLET et DUMOULIN, 5, rue des Grands-Augustins.

# DÉSIGNATION DES OBJETS

## TABATIÈRES & BONBONNIÈRES

1 — Grande et belle boîte ovale du temps de Louis XVI, en or guilloché et émaillé bleu de fer, enrichie de cordons et de montants ornés de feuillages émaillés vert émeraude. Le dessus offre à son centre, une peinture sur émail représentant Vénus, Adonis et l'Amour.

2 — Petite boîte ovale du temps de Louis XVI, en or guilloché et émaillé rouge orangé, décorée de quadrillages et de rosaces vertes et enrichie de cordons composés de feuillages et d'ornements émaillés vert et incrustés de demi-perles. Le dessus offre une peinture sur émail de forme ovale représentant Vénus et l'Amour, entourée d'un rang de demi-perles.

3 — Bonbonnière ronde du temps de Louis XVI en or guilloché et émaillé gris perle, avec cordons à feuillages émaillés vert et pois d'émail imitant l'opale et le rubis. Le dessus est orné à son centre d'un petit émail représentant un sujet champêtre.

4 — Belle boîte en mosaïque de Neubert de Dresde sertie en or et incrustée en lapis et jaspes de diverses nuances. Le dessus est orné d'un camée sur lapis représentant un buste d'Empereur romain de profil à droite.

5 — Bonbonnière ronde en or émaillé rose avec cordons
de fleurs et de feuillages émaillés en couleurs. Le dessus est orné d'une peinture sur émail représentant
l'Amour près de l'autel de l'hymen.

6 — Bonbonnière ronde en or guilloché émaillé gros
bleu et cordons à torsades en or se détachant entre des
filets d'émail blanc. Époque Louis XVI.

7 — Petite boîte ovale en or guilloché et émaillé rouge vif
avec cordons ciselés en relief et émaillés en couleurs.
Le dessus est orné d'un petit émail ovale représentant
un sujet champêtre à trois personnages.

8 — Petite boîte ovale en or guilloché et émaillé bleu à
vif cordons et pilastres décorés de points d'émail imitant
les opales. Le dessus est orné d'une peinture sur émail
représentant une Offrande sur l'autel de l'hymen.

9 — Petite boîte ovale en or émaillé gros bleu et cordons
décorés d'ornements blancs sur fond vert. Le dessus
est orné d'un sujet champêtre peint sur émail.

10 — Grande boîte carrée en or de couleur ciselé à personnages, trophées d'armes, sujets de chasse et festons
de fleurs. Époque Louis XVI.

11 — Petite boîte ovale et plate en or à moulures. Le dessus est orné d'une peinture sur émail représentant le
sujet de la Charité romaine. XVIIIᵉ siècle.

12 — Boîte en forme de navette en or guilloché et émaillé
gris de fer et à pilastres émaillés vert.

13 — Boîte forme baignoire en or gravé à guirlandes de
fleurs et ornements réservés en or sur fond vert et
rose. Le dessus est décoré d'une peinture sur émail
représentant un sujet champêtre et le pourtour de trophées d'instruments de musique.

14 — Boîte de forme analogue en or guilloché émaillé
rouge ponceau et cordons ciselés enrichis de points
d'émail imitant l'opale.

15 — Boîte ronde en or uni avec cordons formés de demi-
perles fines. Le dessus est orné d'une miniature sur
ivoire représentant une fête champêtre dans le goût de
Teniers.

16 — Boîte ovale en cristal de roche avec monture en or
de couleur ciselé à festons de laurier et ornements.

17 — Jolie petite boîte ronde en agate rouge rubannée
montée à gorge à charnière en or ciselé. Le dessus est
enrichi de divers attributs exécutés en diamants et
émeraudes. Époque Louis XV.

18 — Boîte carrée à cage en argent doré et garnie de panneaux en écaille posée d'or décorés d'animaux, de vola-
tiles et de fleurs.

19 — Boîte ovale en or guilloché et émaillé rouge orangé,
avec cordons ciselés en relief et émaillés en couleurs.
Le dessus est orné d'un médaillon ovale peint sur émail
représentant un sujet tiré de l'histoire romaine.

20 — Boîte oblongue à angles coupés en mosaïque de

Neubert exécutée en jaspe et agate de diverses nuances sertis en or. Le dessus est orné d'une peinture en camaïeu bleu sur émail représentant un buste de philosophe grec.

21 — Boîte oblongue à angles arrondis, montée à cage à filets en or émaillé bleu. Elle est garnie de panneaux représentant des insectes appliqués sur cire. Elle est signée : Vachette, bijoutier à Paris.

22 — Boîte à angles arrondis, montée à cage en or ciselé, à ornements et garnie de panneaux gravés en relief sur cornaline représentant des ornements rocaille et des personnages. Beau travail du temps de Louis XV.

23 — Petite boîte ovale en or émaillé gros bleu à cordons composés de rubans rouges et de festons de fleurs.

24 — Petite boîte ovale en or guilloché émaillé gris perle, à cordons ciselés et le dessus orné d'un portrait d'homme en costume Louis XIV peint sur émail. Époque Louis XVI.

25 — Petite boîte ovale en or guilloché à rayons et émail rouge feu. Le dessus et le fond offrent un médaillon rond émaillé bleu uni.

26 — Petit drageoir en caillou d'Égypte avec monture Louis XIV en or gravé.

27 — Grande boîte ovale en or guilloché à quadrilles et émaillé rouge feu. Les cordons et montants sont décorés d'ornements gravés et le dessus est orné d'un portrait du roi Louis XIV peint sur émail.

28 — Petite boîte ovale du temps de Louis XVI en or guilloché émaillé gris perle, à cordons et montants décorés de points d'émail imitant l'opale. Le dessus est orné d'une peinture sur émail de travail moderne représentant le Triomphe d'Amphitrite.

29 — Boîte ovale en cristal de roche montée à gorge à charnière en or gravé. Le dessus est orné d'un portrait d'homme portant l'armure peint en miniature, et à l'intérieur, d'une marine peinte en miniature.

30 — Petite boîte ovale en or guilloché émaillé rouge à cordons décorés de feuillages émaillés vert et rouge sur fond d'émail blanc.

31 — Boîte en forme de tête de cheval en caillou d'Egypte avec yeux en roses, monture à gorge à charnière en or avec bec orné de pierreries.

32 — Boîte formée d'une cuvette émaillée à figures et paysages. Le dessus est orné d'un buste de pèlerin peint sur émail, entouré d'ornements en or repercé à jour et enrichi de diamants.

33 — Petite boîte en forme de barque dont le pourtour est en or et le fond et le dessus sont en agate blanchâtre opaque. Le dessus est incrusté d'un vase de fleurs exécuté en or et pierreries. Époque Louis XV.

34 — Très petite boîte ronde en caillou d'Egypte montée à gorge à charnière en or.

35 — Boîte oblongue en cuivre doré. Le dessus est formé

d'une plaque émaillée représentant à l'extérieur un
sujet de chasse en camaïeu carmin, et à l'intérieur, Au-
guste le Fort de Saxe en costume de souverain.

36 — Grande boîte en cuivre émaillé à huit places, décorée
de vues de ville en camaïeu noir et montée en cuivre.

37 — Boîte ovale en ancienne porcelaine de Saxe à ornements gaufrés et décorée de fleurs et d'Amours.

38 — Boîte ronde en poudre d'écaille incrustée d'or et
d'étoiles de burgau. Sur le dessus une miniature, portrait de femme.

39 — Boîte ronde en écaille ornée d'un portrait d'homme
peint sur émail.

40 — Boîte oblongue en ancienne porcelaine de Saxe décorée de fleurs, et à l'intérieur du couvercle, d'un sujet
Watteau.

41 — Trois boîtes, dont deux en cristal de roche ; l'une
d'elles est montée en or émaillé.

42 — Petite boîte ovale en verre bleu à décor d'or et monture à charnière en or.

43 — Petite boîte ronde en poudre d'écaille rose incrustée
d'or et miniature sujet champêtre.

44 — Jolie boîte oblongue en or de couleur ciselé à sujets
de chasse, attributs et ornements. Époque Louis XV.

45 — Petite boîte ovale en or guilloché, à cordons et pilas-

tres émaillés bleu à fleurs et ornements et médaillon
sur le dessus, Amour en or appliqué sur fond bleu.
Époque Louis XVI.

46 — Bonbonnière ronde en or guilloché émaillé rose
pale et cordons ciselés. Époque Louis XVI.

47 — Petite boîte carrée en agate montée en or ; le dessus
est encadré d'ornements repoussés. Époque Louis XV.

48 — Boîte oblongue en écaille piquée d'or et incrustée
de nacre, montée en argent doré.

49 — Boîte rectangulaire en argent doré, ornée de deux
plaques de porcelaine décorées de fleurs et d'un portrait
d'homme en costume d'officier.

50 — Boîte ronde en écaille doublée en doublé d'or sur
argent. Le dessus est orné d'un portrait de femme
peint sur émail dans un cadre ciselé.

51 — Petite boîte à contours en or gravé, ornée de deux
plaques en vieux Saxe et avec bec enrichi de rubis et
de diamants. Époque Louis XV.

52 — Petite boîte Louis XIII en argent doré et émaillé à
paysages et fleurs.

53 — Boîte ronde en or, le dessus orné d'une peinture sur
émail représentant Vénus à sa toilette. xviii<sup>e</sup> siècle.

54 — Drageoir en jaspe rouge monté en argent.

55 — Petite boîte ovale en jaspe de Sibérie, montée à gorge
à charnière en or.

56 — Petite boîte en forme de souris, en porcelaine de
Saxe.

# BIJOUX

57 — Grande et belle plaque de ceinture ou de corsage,
composée de fleurs et d'enroulements en or émaillé
et enrichie de roses. Époque Louis XIII.

58 — Petite figurine de Saturne debout, en agate fine-
ment taillée. Sur socle en porphyre rouge oriental.

59 — Petit buste avec chlamyde en argent doré, et tête en
agate orientale à plusieurs couches.

60 — Étui formé d'un poupon en prime d'améthyste,
garni en or.

61 — Bague avec chaton ovale, en or émaillé, orné d'un
petit camée, entouré d'un rang de roses.

62 — Montre en forme de croix, en agate.

63 — Deux rasoirs à manches d'écaille et garnis en or.

64 — Deux camées sur agate orientale : Bustes de l'Empereur Alexandre de Russie et de sa femme. Dans un
cadre en malachite.

65 — Médaillon ovale. — Peinture églomisée sur cristal,
représentant saint François en prières. Monture en
corne.

66 — Deux peintures églomisées sur verre : Sujets religieux.

67 — Étui en ancienne porcelaine de Saxe, décoré de sujets Watteau et monté en or.

68 — Flacon Louis XIII, en argent émaillé bleu et enrichi de grenats.

69 — Petit groupe en or émaillé : Saint Georges terrassant le dragon.

70 — Cachet formant cassolette, en argent ciselé, doré et émaillé, surmonté d'une figurine d'Amour.

71 — Petite pièce antique, à double pavillon en or.

72 — Petit crucifix en or émaillé blanc sur fond noir. Le revers est incrusté de petits rubis portant les attributs de la Passion, gravés et émaillés.

73 — Lot de bijoux en strass, composé de quatre boucles de souliers, deux boucles de jarretières, un pendant d'oreille et deux pendeloques.

74 — Couteau et fourchette à manches en or, à fleurs en relief émaillées en couleurs, avec viroles incrustées d'émeraudes. Époque Louis XIII.

75 — Petite montre en or émaillé à fond vert, et médaillon peint entouré de fleurs, représentant Danaé recevant la pluie d'or. Époque Louis XIV.

76 — Montre Louis XV en or émaillé en plein et à répétition. La cuvette représente une scène d'intérieur d'après Greuze. Le cadran est entouré de jargons.

77 — Montre Louis XVI en or gravé, ornée d'une peinture sur émail représentant un portrait de femme
entouré d'ornements d'or et d'émail vert.

78 — Montre Louis XVI en or émaillé bleu étoilé d'or,
avec entourage de roses, et poussoir orné d'un diamant
triangulaire.

79 — Montre Louis XVI en or émaillé, à figures sur fond
opalin, nymphe et Amour, avec entourage de points
d'émail imitant l'opale.

80 — Étui à pans en or guilloché émaillé rouge, avec
cordons ciselés à feuillages.

81 — Étui ovale en or gravé, guilloché et émaillé vert
émeraude.

82 — Bracelet en or enrichi de petits émaux peints représentant des petits bustes et des armoiries encadrés de
grenetis d'or. Travail suisse.

83 — Médaillon d'or émaillé sur ses deux faces, représentant, sur l'une un portrait de femme, et sur l'autre
le petit saint Jean. Époque Louis XIV.

84 — Etui plat du temps de Louis XVI, en or émaillé, à
fond bleu, décoré de figures peintes et d'ornements
rapportés en couleurs. Il est enrichi d'un rang de
demi-perles.

85 — Étui de même forme, en or émaillé bleu clair et
gris clair. Il est enrichi de petits bustes rapportés en
or ciselé. Époque Louis XVI.

86 — Étui ovale en or gravé et émaillé gros bleu et vert,
et à trophées gravés réservés.

87 — Montre Louis XVI en or gravé et émaillé. Le fond
est décoré d'un sujet allégoriqne.

88 — Petite montre de châtelaine en forme de lyre, en or
émaillé gros bleu, enrichie de roses et de demi-perles.
Époque Louis XVI.

89 — Montre en or ciselé et émaillé, à figures d'Amours
tenant des festons de fleurs.

90 — Montre plate en or émaillé rouge sur fond guilloché,
enrichie de roses. Elle offre, sur une de ses faces, un
chiffre couronné, et sur l'autre, un cheval au galop,
également couronné et exécutés en roses. Travail
moderne.

91 — Petite châtelaine d'or, avec double médaillon peint
sur émail, à paysages et chaînettes ornées de perles
fines. Style Louis XVI.

92 — Étui carré en or émaillé, à figures et insectes de
style égyptien. Il contient divers ustensiles.

93 — Étui en forme d'œuf, couvert d'un réseau d'ornements rocaille et de figurines en argent ciselé et doré.
Travail moderne.

94 — Quatre petits étuis formés de jambes de femmes en
porcelaine de Saxe.

95 — Bague en or, avec tête de mort émaillée, enrichie de
roses et de deux diamants tables. Époque Louis XIII.

96 — Bague du xvie siècle, en or émaillé avec chaton
orné d'une opale.

97 — Autre bague en or émaillé et découpé à jour ; l'intérieur est garni en étoffe.

98 — Forte bague en argent doré et émaillé, avec chaton
carré orné d'une jacynthe.

99 — Bague d'or ornée de deux cœurs exécutés en diamants et saphir.

100 — Bague d'or émaillé avec onyx, enrichie de diamants
tables.

101-103 — Sept bagues diverses, dont six enrichies de
pierreries. Ce lot sera divisé.

104 — Médaillon ovale en filigrane d'or, contenant le
buste d'Henri IV, sculpté en bas-relief sur nacre de
perle.

105 — Collier avec pendant en or émaillé bleu enrichi de
pierreries.

106 — Petit dé en or émaillé à figure et fleurs.

107 — Trois pièces : Petite tête de mort émaillée, broche
ornée de grenats et autre ornée d'une miniature avec
entourage de demi-perles.

108 — Deux pièces : Épingle ornée d'un petit vase exécuté en roses se détachant sur un fond d'émail violet
et médaillon ovale pour tabatière représentant un vase
émaillé sur fond gravé.

109 — Camée sur jaspe à double face ; bustes du Christ et de la Vierge. Monture en or.

110-111 — Huit camées divers, dont plusieurs montés en or. Ce lot sera divisé.

112 — Flacon en ancienne porcelaine de Saxe, en forme de colombier.

113 — Flacon en émail de Battersae, composé de deux figures décorées en couleurs.

114 — Flacon formé d'un éléphant debout en cuivre émaillé.

115 — Flacon en porcelaine de Saxe : Moine portant une botte de paille.

116 — Flacon de même porcelaine : Enfant et Chèvre.

117 — Béquille de canne en porcelaine de Saxe, décorée de fleurs et ornée d'un buste de femme.

118 — Pomme de canne de même porcelaine : Tête de Jocrisse.

119-121 — Sept pipes en porcelaine de Saxe, variées de formes. Ce lot sera divisé.

122 — Petit mouton en porcelaine de Saxe.

123 — Petite coupe en verre bleu incrusté d'argent.

124 — Pipe en écume de mer, incrustée de pierreries et garnie en argent.

125 — Couvert composé de quatre pièces à manches en argent doré et émaillé et d'une salière formée d'une petite boîte ovale émaillée de même. Style Louis XIII.

126 — Couvert composé de quatre pièces, dont une petite boîte octogone en argent émaillé et cristal de roche. Travail moderne.

127 — Couvert composé de quatre pièces en argent doré, avec manches émaillés.

128 — Autre couvert composé de trois pièces à manches émaillés décorés de fleurs.

129 — Coffret oblong en écaille piquée et posée d'or, avec incrustations de nacre. Travail moderne.

130 — Écritoire sur plateau oblong de même travail.

131 — Batterie de fusil en fer ciselé à figures, ornements et animaux. xviie siècle.

132 — Jonc à pomme d'or émaillé Louis XV, décorée de fleurs.

133 — Canne d'écaille avec pomme d'or enrichie de pierreries.

134 — Canne d'ivoire avec pomme d'or émaillé à fleurs et ornements.

135 — Canne à pomme incrustée de nacre et d'or.

136 — Canne à pomme d'ivoire sculpté à figures.

137 — Deux cannes, l'une à pomme en argent repoussé, l'autre à béquille en porcelaine de Saxe.

# MINIATURES & ÉMAUX

138 — Email ovale du temps de Louis XVI, représentant un sujet champêtre.

139 — Petit émail ovale de même époque, représentant un Amour peint en grisaille sur fond rose.

140 — Portrait d'homme peint sur émail; il porte l'armure et un pardessus rouge. Il porte au revers le monogramme A. S., ainsi que la date de 1749.

141 — Portrait d'homme vêtu de rouge et portant une perruque blanche à rallonges. Cette peinture sur émail est montée sur une plaque de bracelet en argent doré avec chiffre gravé.

142 — Deux médaillons ovales peints sur émail et représentant des portraits d'hommes. L'un d'eux est monté dans un médaillon ovale émaillé au revers.

143 — Email rond représentant un portrait d'homme, signé Lévêque, l'aîné.

144-153 — Vingt-six miniatures diverses : Portraits d'hommes et de femmes. Ce lot sera divisé.

154 — Quatre médaillons ovales, peints sur émail et représentant des sujets religieux. Ces émaux sont sur or.

155 — Plaque oblongue émaillée sur cuivre, représentant la Lecture de la Bible, d'après Greuze.

156 — Peinture sur porcelaine d'après Metzu : Person-
nage taillant sa plume.

157 — Miniature moderne dans la manière de van
Blarenberghe : Réunion dans un parc. Cadre en bronze
doré.

158 — Peinture sur émail de forme cintrée : Jardi-
nière.

159 — Jolie petite miniature ovale sur ivoire, du temps
de Louis XVI. Portrait de jeune femme de trois
quarts à droite ; coiffure haute et costume rose.

160 — Peinture ovale sur émail : Groupe de trois personnages. Avec entourage de demi-perles.

161 — Médaillon ovale en strass ; il contient une peinture
sur émail, représentant des jeux d'Amours en grisaille
sur fond rose.

162 — Boîte ronde en bois, offrant à l'intérieur le portrait
à l'huile de Sebaldus Lieb à l'âge de 56 ans ; date de
1571 et un écusson armorié.

163 — Petit médaillon ovale peint sur émail. — Portrait
d'homme portant la perruque à rallonges.

164 — Médaillon rond, contenant deux portraits sur
ivoire.

165 — Trois petits émaux sur or : Buste et figures en grisaille sur fond brun.

166-169 — Huit médaillons ovales, peints sur émail et
représentant des sujets variés. Ce lot sera divisé.

170 — Deux petites peintures ovales sur émail. — Portrait
d'homme et portrait de femme en costumes du temps
de Louis XIV.

171 — Médaillon ovale peint sur émail. — Portrait
d'homme en costume de chasse bleu.

172 — Quinze médaillons ovales, peints sur émail en grisaille sur fond bleu et représentant des sujets religieux.

173 — Trois peintures sur émail, dont deux représentent
des sujets religieux et l'autre Jonas sortant du ventre
de la baleine.

174 — Miniature ovale sur ivoire, par de Gault. — Epi-
sode de la prise de Troie. Cadre en bronze doré.

175 — Miniature ronde sur ivoire. — Hercule et Om-
phale.

176 — Miniature ovale sur ivoire. — Portrait de jeune
femme vêtue d'un châle rouge.

177 — Petite miniature ovale sur ivoire. — Scène d'intérieur dans la manière de Greuze. Cadre noir.

178 — Trois miniatures dont une oblongue, représentant
un parc, et les deux autre rondes, représentant un pay-
sage et une marine.

www.ingramcontent.com/pod-product-compliance
Ingram Content Group UK Ltd.
Pitfield, Milton Keynes, MK11 3LW, UK
UKHW031707170726
13836UKWH00001B/82